Doctor

Jeff Barger y
Pablo de la Vega

Rourke Educational Media
A Division of Carson Dellosa Education.
rourkeeducationalmedia.com

CONEXIONES ROURKE

de la ESCUELA a la CASA

ANTES Y DURANTE LAS ACTIVIDADES DE LECTURA

Antes de leer: *construcción de los conocimientos del contexto y el vocabulario*

Construir los conocimientos del contexto puede ayudar a los niños a procesar nuevas informaciones y fortalecer los saberes que ya poseen. Antes de leer un libro es importante ahondar en lo que los niños ya saben sobre el asunto. Esto les ayudará a desarrollar el vocabulario e incrementar su comprensión lectora.

Preguntas y actividades para construir los conocimientos del contexto

1. Mira la tapa del libro y lee el título. ¿De qué piensas que tratará el libro?
2. ¿Qué sabes ya de ese tema?
3. Hojea un libro y echa un vistazo a sus páginas. Mira el índice, las fotografías, los pies de foto y las palabras en negritas. ¿Estas características del texto te dan alguna información o intuiciones acerca de lo que vas a encontrar en el libro?

Vocabulario: el vocabulario es clave para la comprensión lectora

Sigue estas indicaciones para iniciar una conversación acerca de cada palabra.

- Lee las palabras del vocabulario
- ¿Qué viene a tu mente cuando ves cada palabra?
- ¿Qué piensas que significa cada palabra?

Palabras del vocabulario:

- *examina*
- *paciente*
- *rayos x*
- *temperatura*

Durante la lectura: *leer para entender y encontrar significados.*

Para lograr una comprensión profunda de un libro, hay que animar a los niños a hacer uso de estrategias de lectura atenta. Durante la lectura, es importante que los niños hagan pausas y conexiones. Dichas conexiones dan como resultado análisis más profundos y un mejor entendimiento del libro.

Leyendo con atención un texto

Durante la lectura, pide a los niños que hagan una pausa y hablen de lo siguiente:

- Cualquier parte confusa.
- Cualquier palabra desconocida.
- Texto con texto, texto con uno mismo, texto en conexión con el mundo.
- La idea principal de cada capítulo o encabezado.

Anima a los niños a usar claves contextuales para determinar el significado de cualquier palabra desconocida. Estas estrategias ayudarán al niño a aprender a analizar el texto de manera más completa durante la lectura.

Cuando acabes de leer este libro, ve a la penúltima página para encontrar una **actividad posterior a la lectura.**

Índice

Ayudantes comunitarios

Los ayudantes comunitarios están por todas partes. Hacen que nuestra vida sea mejor.

Los doctores te ayudan cuando estás enfermo.

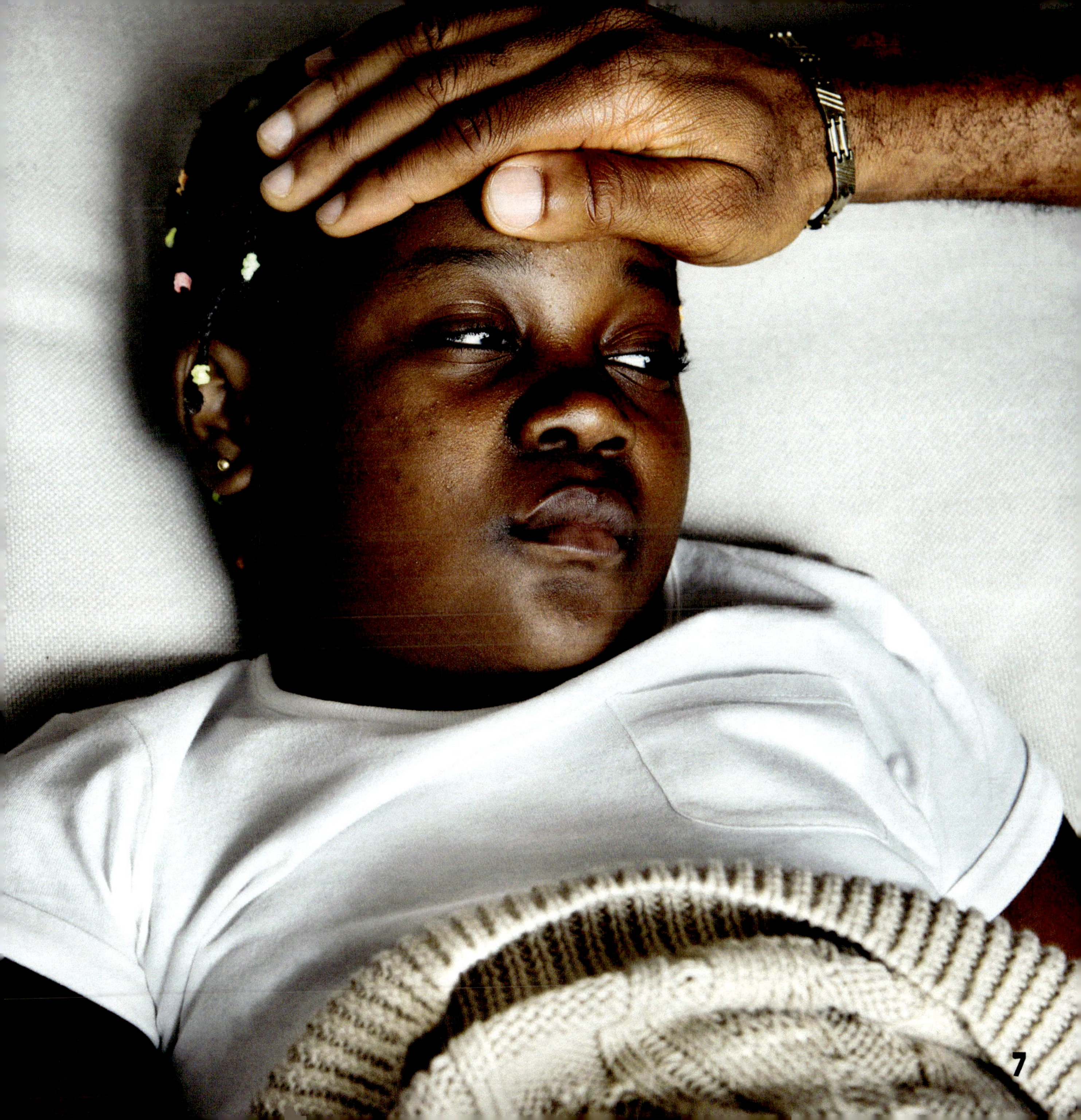

Una visita al doctor

Te duele la garganta.

Vas al doctor.

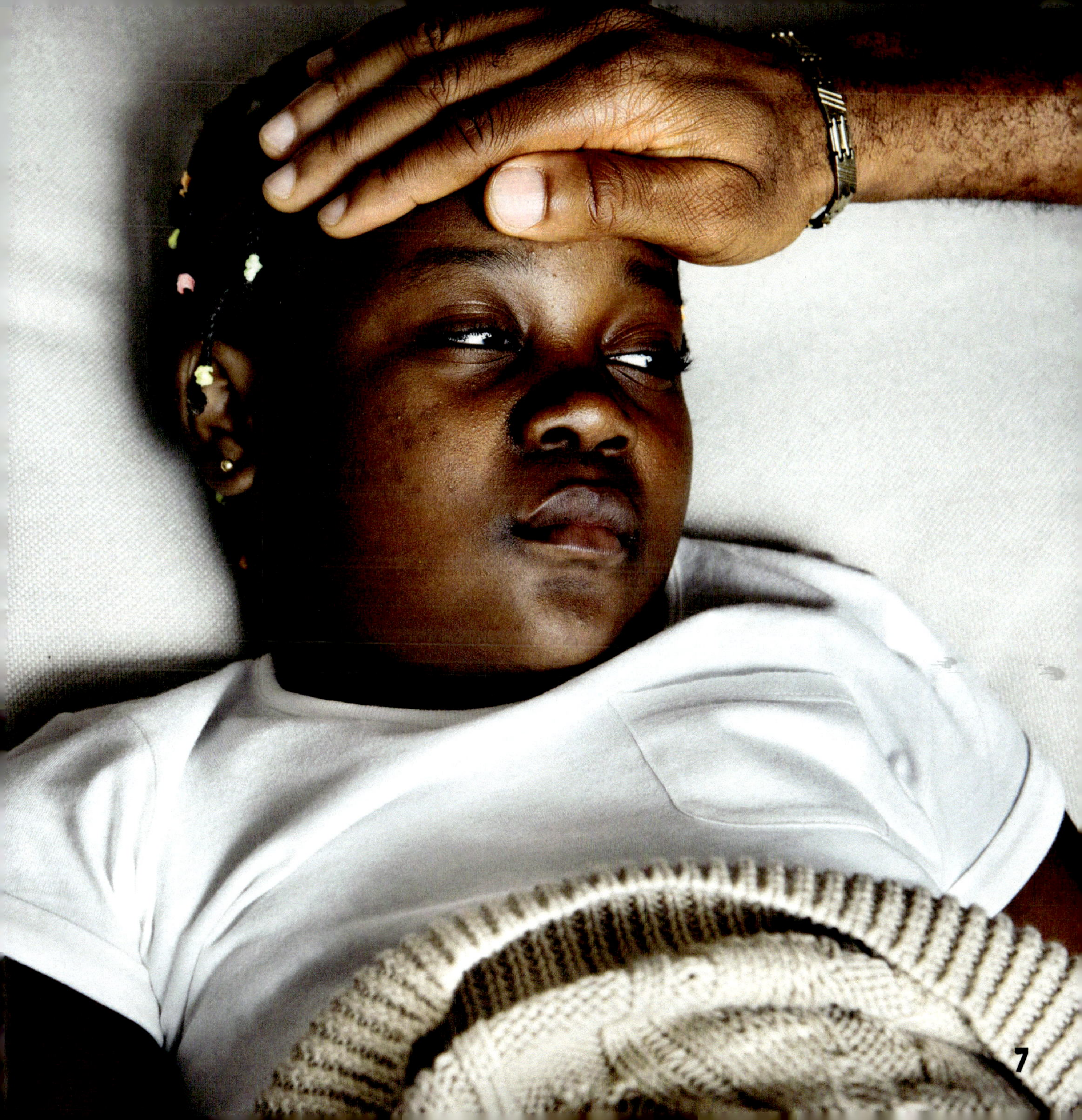

Una visita al doctor

Te duele la garganta.

Vas al doctor.

Una enfermera te toma la **temperatura**. Usa un instrumento. Lo pone debajo de tu lengua.

Cómo ayudan los doctores

Oyes que tocan la puerta. El doctor entra. «¿Qué te duele?», pregunta.

El doctor te **examina**.

Revisa tus oídos.

Abres la boca. El doctor te revisa la garganta.

El doctor escribe una nota.

Se llama *prescripción.*

RX
MEDICAL CENTER

Los doctores también toman **rayos x**.

Hacen cirugías.

Los doctores nos ayudan a estar sanos.

Actividad

Entrevista con el doctor

Una entrevista consiste en hacer preguntas a alguien. ¡Haz un plan para entrevistar a tu doctor!

Qué necesitas

- papel doblado en dos
- marcadores o crayones
- lápiz

Instrucciones

1. Usa el papel y los marcadores o crayones para hacer una tarjeta para tu doctor. En la parte delantera escribe: «¡Gracias por cuidar de mí!».
2. Piensa en preguntas para hacerle a tu doctor. Por ejemplo, una pregunta podría ser: «¿Cómo te convertiste en doctor?».
3. Escribe tres preguntas dentro de la tarjeta que hiciste.
4. Entrégasela a tu doctor cuando lo visites. Pídele que te responda las preguntas que están en la tarjeta.

Glosario fotográfico

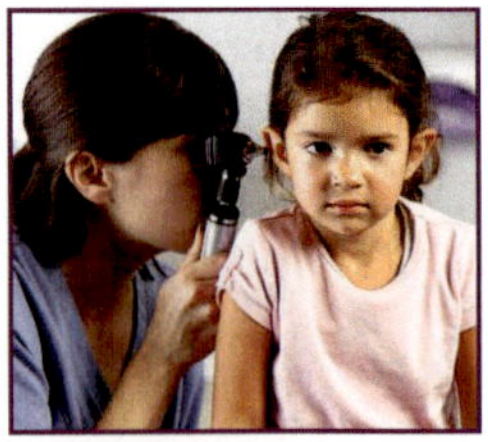

examina: evalúa el cuerpo de una persona para descubrir si está sana.

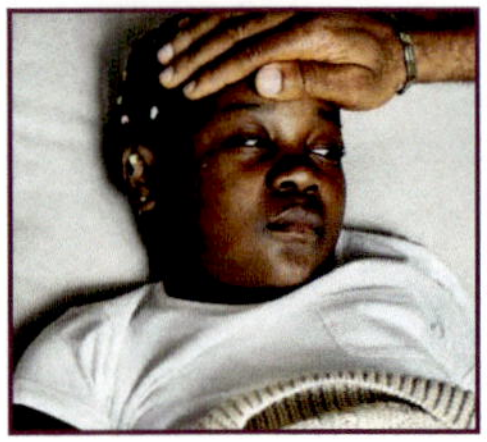

paciente: una persona que está bajo tratamiento de un doctor u otro proveedor de salud.

rayos x: imágenes del interior del cuerpo de una persona.

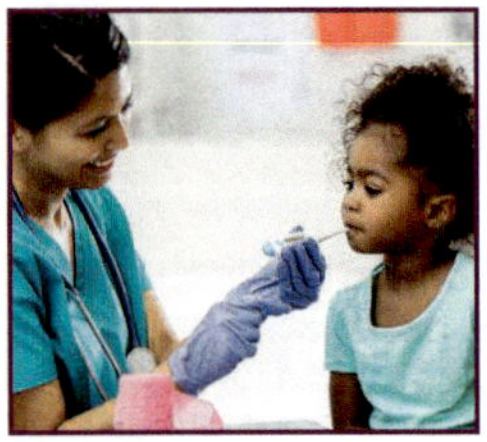

temperatura: el grado de calor dentro del cuerpo de una persona.

Índice analítico

Actividad posterior a la lectura

Imagina que eres un doctor. Haz un cartel para tu oficina que muestre tres formas en que puedes mantenerte sano.

Sobre el autor

Jeff Barger es escritor, bloguero y especialista en literatura. Vive en Carolina del Norte. Le gusta comerse un buen plato de caldo de pollo cuando se siente enfermo. Y la televisión a control remoto.

www.rourkeeducationalmedia.com

Edición: Kim Thompson
Tapa y diseño interior: Kathy Walsh
Traducción: Pablo de la Vega
Edición en español: Base Tres

Photo Credits: cover, title page, p.11, 20, 22: ©Steve Debenport; p.5, 7: ©Rawpixel.com; p.9: SeventyFour; p.13: ©DragonImages; p.15, 22: ©Catherine Yeulet; p.17: ©RicardoImagen; p.19: ©stevecoleimages; p. 20, 22: ©Henk Badenhorst

Library of Congress PCN Data

Doctor / Jeff Barger y Pablo de la Vega
(Ayudantes comunitarios)
ISBN 978-1-73162-999-9 (hard cover - spanish)(alk. paper)
ISBN 978-1-73162-998-2 (soft cover - spanish)
ISBN 978-1-73163-000-1 (e-Book - spanish)
ISBN 978-1-73163-372-9 (ePub - spanish)
ISBN 978-1-73161-421-6 (hard cover - english)(alk. paper)
ISBN 978-1-73161-216-8 (soft cover - english)
ISBN 978-1-73161-526-8 (e-Book - english)
ISBN 978-1-73161-631-9 (ePub - english)
Library of Congress Control Number: 2019945567

Rourke Educational Media
Printed in the United States of America,
North Mankato, Minnesota